반과 반 사이의 여자

우중화 시인은 2019년 계간 리토피아로 등단하여 시집 『주문을 푸는 여자』를 냈다. 리토피아문학회와 막비시동인으로 활동 중이다.

e메일 : fafsd@naver.com

리토피아포에지 · 122
반과 반 사이의 여자

인쇄 2021 11. 20 발행 2021 11. 25
지은이 우중화 펴낸이 정기옥
펴낸곳 리토피아
출판등록 2006. 6. 15. 제2006-12호
주소 21315 인천광역시 부평구 평천로 255번길 13, 903호
전화 032-883-5356 전송032-891-5356
홈페이지 www.litopia21.com 전자우편 litopia999@naver.com

ISBN-978-89-6412-152-8 03810

값 10,000원

우중화 시집

반과 반 사이의 여자

문학과 유토피아
LITERATURE & UTOPIA

시인의 말

지나간 모든 기억들에게
용서를 구한다.
화해의 몸짓이 충돌한다.
그래도
여전히 흐르는 것들,

사랑하기로 한다.

2021년 늦가을에
우 중 화

차례

제1부

제2부

제3부

제4부

| 제1부 |

독설로 피는 꽃

그녀의 목구멍에서 뱀 한 마리 기어 나와 독을 뱉는다. 내 말을 믿지 못하는데 그는 나를 더 믿어 내가 더 잘 쓴대. 언니가 글을 잘 쓰려면 결국에는 나를 죽여야 할 거야.

예술은 돈으로 만드는 게 아니야 순수로 꽃을 피워야 해. 꽃잎을 몽땅 뜯겨버린 벌거벗은 몸에 멍 자국이 가득하다. 독설이 그 남자에게로 세상에게로 나에게까지 쏟아진다.

말랑말랑한 심장이 쿵쿵거리며 그녀의 귓속말을 듣는다. 불안하게 흔들리는 그녀의 입술을 떼어 바람 속에 던진다. 함부로 핀 그녀의 말이 독사가 되어 달 속으로 숨는다.

우리 오늘도 안녕한가요

어느 기억은 깊어서 마음도 벼랑에 빠지게 된다. 낮은 기억 사이로 깊은 기억들이 불쑥 솟아난다.

기억들 서로 부딪치며 울기도 하고 웃기도 한다. 아이 얼굴이 어른 되고 어른 얼굴이 남자가 된다.

창호지 문틈으로 어머니의 비밀은 새어나가고, 작은 발바닥들은 옹기종기 웅크려 잠이 든다.

안다고 생각했던 것들이 지금은 아니라고 한다. 기억의 끈 따라 어머니의 속으로 들어가고 싶다.

아버지의 손을 피해 달아났던 어머니의 비밀은 처마 밑에서 바들바들 떨며 비를 피하고 있었다.

그 비 피할 수 있었다면 날개 한쪽 더 달았을까.
서로 찢긴 기억의 날개 하나 더 붙일 수 있을까.

〉

숨을 쉬어야 해 조금 들이마시고 많이 뱉으세요. 비를 바라보시는 어머니 오늘도 우리 안녕한가요.

독배로 82번길

미추홀구 독배로 82번길에 소크라테스가 살고 있다. 겨드랑이에 책 한 권 끼고 다니다가 시를 읽어준다. 음유시인처럼 매콤한 연기 가득한 날도 시를 읽는다.

지휘봉에 맞고 넘어지던 날도 독배를 마시지 않았다. 그의 꿈은 독배로 골목에서는 오래된 가요로 바뀐다. 친구도 없는 홀로 백내장 낀 눈으로 뿌옇게 들려준다.

나는 그가 읽어주는 문장마다 밑줄을 죽죽 긋는다. 내 몸의 3번과 4번 뼈 사이에는 그놈의 방이 있다. 독하게 뱉어낸 말을 독주로 무장하고 새겨 넣는다.

어느날 문득 꽃을 들고 독배로 82번길을 서성인다. 독배로 독배 들이키며 쓰러져가는 낭만을 노래하던, 미추홀구 독배로 82번길의 소크라테스가 사라졌다.

만리벚꽃길*

벚꽃 아래서 보고 있니? 벚꽃노래 듣고 있니?
벚꽃길에서 만나는 울울한 옛사랑의 안부이다.

이 벚꽃은 이 벚꽃이고 저 벚꽃은 저 벚꽃이다.
이 벚꽃은 오늘 피고 저 벚꽃은 어제 피었다.
이 벚꽃은 하얀색이고 저 벚꽃은 분홍색이다.
이 벚꽃은 하늘이고 저 벚꽃은 바다이다.
이 벚꽃은 바람이고 저 벚꽃은 향기다.
이 벚꽃은 졸고 있고 저 벚꽃은 노래하고 있다.
이 벚꽃은 멈춰서 있고 저 벚꽃은 뛰어서 온다.
이 벚꽃과 저 벚꽃은 서로 엉키기도 하고
이 벚꽃과 저 벚꽃은 서로 숨겨주기도 한다.

벚꽃 아래서 보고 있니? 벚꽃노래 듣고 있니?
만리벚꽃길에 날리는 벚꽃향, 벚꽃들의 입맞춤.

* 하동 십리벚꽃길은 만리길처럼 벚꽃길이 멀다.

카더라 바리게이트

연예인이 죽었다 늘상 지켜보던 화려한 모습이 사라졌다. 악성댓글 탓이었다고도 하고 연애가 끝났다고도 한다. 막다른 벽에 부딪친 말이 혼자 떠돌다가 길을 잃고 헤맨다. 열 사람의 말로 조각이 나고 백 사람의 말로 부풀어진다. 이렇게 저렇게 한껏 자란 말들이 소란하여 멀미가 난다.

우는 날들이 많아질 때마다 서로가 나눈 말들을 떠올린다. 오래도록 붙어 있지 않아도 너의 말은 가까이서 숨을 쉰다. 텅 빈 듯한 내일에 들풀처럼 일어서게 하는 말들이 온다. 네 손끝에서 네 기억 속에서 숱한 말들이 기어 나온다. 사라진 사람이 들려주는 생의 흔적들이 나를 살게 한다.

골목의 여자

한낮 골목을 어슬렁거리던 고양이는 어둠이 내리면 담장 타고 모여든다. 개들은 킁킁거리며 고양이를 탐색하고 생쥐들은 속속 구멍으로 들어간다. 고양이 엉큼하게 송곳니 숨기고 털 세우며 그르렁그르렁 목구멍 긁는다.

동영상을 찍는다 서로 몸 바꾸며 얼마나 소중한 낭만인지 기억할 것이다. 캄캄한 공간에 대마를 삼킨 말들이 서로를 삼키며 다시 황홀경에 빠진다. 상처받은 여자의 짙은 입술에서 민달팽이 슬슬 기어가는 소리가 들린다.

K대리의 저녁 풍경

몇 사람이 들리지 않는
말을 꺼내고 몇 사람의 웃음소리가 서서히 명랑해진다.
몇 사람이 울 수 없었던
말을 내놓고 몇 개의 입술이 서로의 귀를 간지럽힌다.
목구멍 속을 헤집고
나오는 말이 커지고 작은 말은 비밀이 되어 숨어버린다.
섞인 말들이 떠나지
못하고 축 늘어지고 모아진 말이 떠나기 위해 노래를 한다.
불빛 아래 빠르게 입술이
걸어 나오고 치맛자락은 유혹하듯 느리게 밤을 흔든다.
십구금 농담 속에 등허리는
점점 내려앉고 중년의 거시기만 위태롭게 들썩거린다.
목젖에 걸린 이름들을 계속해서
불러대고 저녁은 꿈결인 듯 빠르게 문을 닫는다.
K대리는 만년대리 사직서를
품고 대리대리 중얼거리며 바쁘게 집으로 돌아간다.

꽃은 다시 필라나요

그의 어깨 위로 그늘이 쏟아지고 축 처진 바짓단이 계단을 쓸며 지하로 내려가요. 맑은 얼굴들이 그의 등을 부지런히 밀고 어깨를 밀며 만원 전동차 안으로 밀어 넣어요. 발바닥 까진 구두가 새 구두들에게 채이고 서류가방은 열려 찢긴 서류들이 되어요.

술 취한 구두 뒤축이 비틀거리고 넥타이가 한없이 조여오고 출근복은 매번 울어요. 벌게진 얼굴 앞으로 젊은이 단단한 이마가 박혀 들어오고 생소한 말들이 엉덩이를 밀어내요. 반복되는 고지서는 끝이 없고 청구서들은 기간을 연장하여 덕지덕지 눌러 붙어요.

내일은 내일의 해가 뜬다지만 넥타이를 풀고 구부리고 앉은 등짝에는 해가 뜨지 않아요. 반평생을 열심히 일하고 난 등껍질들이 터지면서 서쪽으로부터 두 번째 꽃은 다시 필라나요.

검정의 연애

한낮의 색을 검정으로 물들인다.
검정은 빛의 선을 넘는다.
오래도록 두터워지고 습관화된 말들에 저항한다.
참말을 거짓말스럽게 거짓말을 참말스럽게
악어의 눈물로 말하며 울어보기도 한다.
형체 없는 다정함은 어둠이 된다.
사랑한다는 말은 언제까지 사랑스런 말일까
거짓말은 언제까지 거짓말로 남을까
검정스런 몸짓에 남겨진 폐허를 본다.
태초의 묵음들이 들썩인다.
일억만 년 전의 비밀이 열린다.
혼돈의 어둠처럼 빛나고 빛나는 것들.
오늘도 검정을 키운다.

환절기증후군

오른쪽 심장으로 통증 하나 길게 지나는데 '정상이에요.' 의사는 여자를 아주 잘 안다는 듯 엑스레이를 훑어보며 말한다. 아이가 빨던 젖가슴이 균형을 잃고 여자의 구멍들이 서서히 문을 닫는다. 사리라도 몇 개쯤 박혀서 자랑스레 들켜야 하는데 증세가 보이지 않는다. '철분을 먹어야 해요. 자주 햇볕을 쬐어주세요' 뻔한 말들은 집어치워요. 몸을 구성하고 지탱하는 것이 어디 그것뿐이겠어요. 우리는 다 아는 것들을 숨겨요. 처방문에 아슬아슬한 연애가 필요해요, 라고 써주시면 안 될까요.

진단명은 '늦은 샐비어꽃이 핀다.' 처방전은 '바람의 언덕에서 바람의 소리 담기. 낯선 대지에서 한 달간 뿌리내리기. 36.5도의 분홍수액 맞기. 끝끝내 달콤한 잠과 소량의 한낮 연애하기.'

매듭

꼬인 매듭을 풀다가 손톱이 툭 부러진다. 풀지 못한 매듭을 싹둑 자르고 둘둘 다시 말아버린다. 잘려나간 매듭들이 풀리며 기억들이 후드득 쏟아진다. 사람을 놓지 못한 마음이 사람을 계속해서 묶어댄다.

풀어달라 아우성치기도 하고 풀리고 싶지 않은 비밀을 감추기도 한다. 녹이 슬기도 하고 스스로 끊기도 하고 비상하기도 한다. 죽을 때까지 풀리지 않는 매듭이 없겠으나 날 선 가위로도 잘리지 않는 것들도 있다. 풀리지 않는 매듭에 마른 눈물이 나기도 하지만 묶인 이별의 매듭은 언제나 그대로이다.

거짓말 게임

참말과 거짓말 사이에서 참말을 끌어오기도 하고 거짓말을 끌어오기도 한다. 거짓말 놀이를 시작하면 거짓말을 더듬으며 너를 알아가기도 한다. 참말을 더 거짓말스럽게 하기도 하고 거짓말을 더 참말스럽게 하기도 한다. 참말과 거짓말 사이는 얼마나 멀고 얼마나 가까울까. 죽이고 싶도록 미운 사람에게 죽이고 싶다 말을 할까. 예쁜 것에 예쁘다고 하면 계속해서 예뻐질까. 사랑한다는 말은 언제까지 사랑한다는 말로 남게 될까.

사랑한다는 거짓말, 예쁘다는 거짓말, 청춘이라는 거짓말, 최고라는 거짓말, 혀에 오돌도돌 돌기가 서기도 하고, 거짓말로 귓볼에 뿔이 나기도 한다.

밀당
—내 간을 주고 싶어요

거북이가 토끼의 간을 노려요. 어떤 맛이 나는지 슬쩍슬쩍 간을 봐요. 단번에 맛을 보다가는 빠져나오지 못할까봐 손가락만 간단간당 찍어 봐요. 콩알보다 커졌다가 초록해졌다가 조금만 맛을 보면 바다를 잊게 만들어요. 달리기 경주를 하던 거북이가 등을 내밀자 토끼는 거북이등을 타고 떠나요. 간이 부었다느니 간이 콩알만 하다느니 말도 많지만 거북이의 바다 속도예요. 토끼와 거북이는 피니쉬 라인이 없어요. 다리 하나씩 묶고 달나라로 숨어들어요. 둥글하게 겹친 다리 아래로 둥글하게 손가락을 튕기며 손가락 집기 놀이를 해요. 서로 간 붉은 즙이 터지고 둘만 아는 달콤한 사과향이 나요. 나 오늘 그대 등을 타도 되나요?

내 간을 주고 싶어요. 내 간은 절구통 밑에 숨겨져 있어요. 수십 년 변함없이 그 자리에 있어요. 언제든 훔칠 수 있어요. 거북이는 언제나 찾아오나요. 거북이는 지금 어디에 있나요. 거북이는 간을 훔치러 출발이라도 했나요. 용궁은 아침인가요 저녁인가요. 거북이는 혼자 오나요 누구랑 오나요.

첫

마른 솔가지를 쑤셔 넣고 젖은 나뭇가지에 불을 피운다. 매캐한 연기가 나며 탈것 같지 않던 나무에 불은 붙어서, 화르륵 타던 날들이 언제였나 생각하다 '첫'이 떠오른다. 첫 키스 첫 직장 첫 아이 첫 눈, '첫' 음절이 불티로 날린다.

어쩌면 모든 순간이 '첫'이고 우리는 첫 불씨를 담고 있다. 첫 마음으로 사랑하고 첫 이별을 하고 첫 죽음을 맞는다. 앗, 뜨거워 심장이 놀라고 속죄하는 날이 날로 늘어가면서, 불씨는 다시 구멍 속에서 젖은 시간 화톳불로 타들어간다.

달뜬

평상에 누워 반쪽 달이 들려주는 소문을 풀어낸다. 다른 반쪽달을 끼우지 못하고 푸념의 밤을 보낸다. 은하수를 건너 절구 찧는 토끼 찾아 떠난 달이라고, 토끼 다리가 네 개라 두 다리로는 잡을 수 없다고, 더 꺼내지 못한 구멍의 소문들이 달을 찾으며 돈다.

술잔 속에 담근 여자의 입꼬리가 다른 반쪽에 걸린다. 취기 오르면 반달 사이 반쪽 달을 정교하게 끼워 넣는다. 하나의 달로 뜨는 것은 막지 못한 구멍이 차오르는 것이다.

쉬쉬

—그 여자가 버린 이름

멍들고 바람 든
머리카락 한 줌 잘라내기 위해 거울 앞에 선다.
떠밀려오는 그늘진
기억이 숨어들고 밀어낼수록 엉겨 붙는다.
가을을 타고 오는
파도 속에 이름 하나 던지러 그녀는 떠난다.
그만 아파하라는
물풀들의 울음이 머리카락 펄럭이며 돌아본다.
섬 하나 내려와서
섬이 되는 잘려나간 머리카락에 섬이 매달린다.
바람으로 자라는 것들
바람이 불어야 팽팽해지는 것들이 있다.
쉬쉬 구멍마다
차오르며 그녀의 치맛자락이 다시 발랄해진다.

하루마다의 진화

하릴없이 동네 주변을 어슬렁거리는 똥개가 되기도 한다. 질주하는 승용차 등허리에 달라붙은 나방이 되기도 한다. 쓰레기통을 뒤져 먹다가 탈이 나는 고양이가 되기도 한다. 빗속에서도 날 수 있다는 모슬포 나비가 되기도 한다. 내가 만들어낸 것과 잃어버린 것들 사이에서 변하지 않는, 옷가게 안에서 어설프게 웃는 마네킹이 되기도 한다. 온종일 종종거리며 로봇을 달래는 엄마가 되기도 한다. 하루가 말짱 도루묵이라고 했다가 앗, 뜨거워 하기도 하고, 두 걸음 물러선 자리에서 세 걸음 뛰다가 넘어지고는, 내일 다시 살고 싶기도 하고 그만 하루가 끝나기도 한다. 눈 깜짝할 사이에도 핑핑 돌아가는 하루를 버틴다. 날지 못하는 날개를 접고 알 속으로 다시 기어들어 간다. 하루 한 번씩 사는 것도 벅찬 이것도 하루마다의 진화이다.

당신을 읽어요

손편지가 사라진 시대라지만 자주 우체통을 들여다본다.
두껍게 쌓인 광고지들 사이에 아슬하게 시집이 걸려있다.
심플해지는 삶에 우편으로 받는 시집은 서정을 부른다.
살갗이 내 피부 같지 않게 꽃들이 까맣게 말라가는 시간에
별을 담아서 꽃을 담아서 나도 그러하다고 위로를 준다.

그곳에서 애써 지키고 살아낸 생을 도시로 실어 보낸 말들,
주어 서술어에 각주까지 달아서 새벽녘까지 내려썼을 말,
화려한 이모티콘들이 불쑥불쑥 튀어나오는 디지털시대에,
시집 한 권이 퇴근 후의 무거운 어깨를 야무지게 받쳐준다.
네가 잠드는 시간에 한 줄 한 줄 읽으며 나는 깨어난다.

이력서

이력서를 쓰다가 허공에 빠진다.
몇 줄을 쓰다가 북북 그어버린다.
허공에서 얼굴 없는 나를 만난다.
얼굴은 어디로 가고 뒷통수만 남았다.
뒷통수만 들고 다니기로 한다.
점점 투명인간이 되어간다.
누구도 불러주지 않는다.
돌아서 걷는 나도 볼 수가 없다.
이력에는 쓸모없는 것들로 가득하다.
버린다 새로운 이력도 필요 없다.
이력에 매달려 살다가 잘 떨어진다.

| 제2부 |

쇠똥구리

—어머니

쇠똥구리가 소똥 말똥을 굴려요.
코끼리똥 뱀똥 쥐똥도 굴려요.
먼 옛날에는 공룡 똥도 굴렸어요.
태양을 등지고 굴리며 가요.
둥글게 둥글게 다듬으며 가요.
태양이 없으면 달빛으로 굴려요.
밤에는 북극성이 길을 잡아줘요.
황토길 돌밭길 언덕배기도 굴려요.
수컷들 앞에서도 당당하게 굴려요.
길을 잃어버리는 날이 없어요.
똥 속에서 아이들이 놀아요.

어떤 유언은 오래도록 자란다

어떤 유언은 꽃처럼
피어나기도 하고 사라지기도 하며 남은 생을 간섭한다.
햇살이 펼쳐놓은 책의
행간을 죽죽 그어대며 유년의 기억들이 튀어나온다.
언젠가 아버지는
아이가 쓴 원고지들을 폐지 아저씨에게 몽땅 팔아버렸다.
책이 밥 먹여 주느냐는
말이 배가 고픈 것보다 더 아이를 아프게 만들었다.
여자가 무슨 대학이냐
아들들만 공부시킨다고 아들에게 줄 땅만 사셨다.
소똥보다 더 싼 값에 팔려버린
밤낮없이 썼던 원고지들이 아직도 떠돈다.
떠돌다가 대지 위에
씨를 내리고 싹이 나고 자라면서 아이는 울지 않는다.
바람에 묻어온
흙냄새가 손가락에 베어 사뭇 진지한 유언을 남긴다.
아이는 배가 부르도록

자연이 주는 모국어로 시를 뿌리고 시를 키운다.
마지막 장을 덮을 수가
없는 늦은 새벽 한 그림자만이 그렁그렁하다.

어느 수문장의 이야기

집터를 다지는 남자가 대문을 먼저 세운다.
나무 조각을 이어 대문을 만들고 밤낮으로 지킨다.
젊은 날에는 대문으로 들어서는 것들이 많다.
멍석을 깔고 앉은 이들의 사랑방이기도 하다.
고물장수도 방물장수도 다들 쉬었다가 간다.
소문이 넘쳐 멍석말이도 하고 방아 찧기도 한다.
닳고 닳아 반들반들한 문지방에 기억들이 논다.
삐거덕삐거덕 문짝 소리로 인기척을 듣는다.
젊은애들은 구멍 숭숭 뚫린 대문을 밀치고 떠났다.
언제부터 그는 대문 앞에 앉아 시간을 보낸다.
대문을 넘어서는 일이 줄며 삐그덕 소리도 저문다.
다른 집 대문들은 철제로 바뀌고 색깔도 곱다.
그의 대문은 굽은 등처럼 낮아지고 그늘만 길다.
들고양이 잠을 자고 밤뻐꾸기가 먼저 다가온다.
닫힌 대문 앞의 그도 끝내 나무가 되어갔다는,
아주 오래된 우리동네 어느 수문장의 이야기다.

당신의 시집詩集

바람이 묻어 왔어요 바람 따라 소문도 묻어 왔어요. 용서가 묻어 왔어요 젊은 날의 양심이 지금 울어요. 창피도 묻어 왔어요 얼굴을 아무리 가려도 뜨거워요. 부산이 묻어 왔어요 부산은 내 고향이고 싶어요..

당신 아들이 묻어 왔어요 내 아들이 함께 웃어요. 당신 어머니가 묻어 왔어요 내 어머니가 울어요. 여전한 소녀가 자라요 주름진 여자가 소녀를 만나요. 당신의 사춘기를 알고 있는 나는 벌써 중년을 넘어요.

낯선 언어

펜데믹* 도시로 내려앉는 불빛들이 말을 건넨다. 땅속으로 스며들기 전에 변이된 신호를 보낸다.

너는 나, 나는 그, 그는 우리, 우리는 그에게, 화석화되기 전 마지막 젖은 손을 내밀고 있다.

꺼지지 않는 방 벌게진 눈 쉼 없이 흔적 찾고, 전염과 감염이 공존하는 쫓고 쫓기는 전쟁터.

어둠 사이 무수히 떠다니는 짧은 기호들이지만 잃어버린 들바람은 어미의 젖가슴에 묻혀 있다.

언제든 말을 걸고 싶었다 한 날을 잊은 그대, 눈 감지 못하는 너, 풀어낼 수 있을까, 숨은 부호.

* 팬데믹 : '감염병 세계 유행'이라고도 한다.

애벌레의 무한질주

초록빛 애벌레가 탱자나무 줄기를 꿈틀꿈틀 올라간다. 가시에 걸리기도 하고 움푹 팬 가지 안에서 멈추기도 한다. 사실 애벌레는 자신의 몇 배 속도로 질주하는 중이다. 태양은 거칠어지고 뾰족한 길은 결코 만만치 않은가 보다. 몸이 진한 초록이 되기도 하고 바람에 흔들리기도 한다. 꿈을 향해 간다는 것은 자신을 스스로 터트리자는 것이다.

애벌레 등이 터져 무엇이 나올지는 누구도 말하지 않는다. 기어오르고 내리고 또 오르면서 죽을 때까지 탈피한다. 공부하는 아들에게 설명 없이 초록애벌레를 찍어 보냈다. 피식 웃는 이모티콘 보내오는 아이는 어쩌면 알고 있을까. 낡은 큐티클을 벗고 나온 사슴벌레를 아이는 만나고 있을까.

가시도마뱀의 여행

금이 간 항아리 속에서 일억 년 전의 원시를 꿈꾼다. 네가
다다라야 하거나 걸어가야 할 곳이 거기에 있다.

체온과 체온이 만난다면 적어도 70도로 끓었으면 하지.
낮과 낮의 온도는 건조하게 뒤섞이며 영하로 떨어지지만,

너는 망막이 찢어지며 핏줄기가 솟구쳐도 모르는 척해.
뒤엉킨 감성의 온도는 외면당하고 버려져 울게 만들지.

스스로 탈피 시간을 놓치고 누군가의 손길을 기다리지.
온몸이 하얘지도록 기다리지만 언제나 만날 수는 없잖아.

건조한 불빛 아래서 굳어진 살갗을 위태롭게 떼어내며,
커다란 가시돛을 세우는 스피노사우르스를 꿈꾸기도 해

일방적인 요구로는 누구에게 닿아도 체온이 오르지 않아.
뛰지 않는 심장을 향해 꼬리부터 토막토막 잘라내게 되지.

어쩌다가 위성

내가 돌고 있다. 나는 1억 5천 킬로 떨어진 네 주위에서 시간 당 약 10만 킬로의 속도로 돌고 있다.

당신은 과학이고 나는 현실이다. 너 또한 합리적인 사고로 무장하고 가공할 속도로 달리고 있다. 나는 사실 초가을 별이 거실을 슬금슬금 침범하듯이 슬로우슬로우이고 싶다.

네 이성은 벌써 태어났고 나의 감성은 이제 시작이다.

만날 수 있을까 네 완벽한 틀에 붙들리고도 돌지 않을 수 있을까. 쏟아지는 별에 맞아 죽을 수도 있으나 네게로 향하는 나는 돌고 있다.

그녀

애인을 갖고 싶어요 연상도 좋고 연하도 좋아요. 진탕 술을 마시고 해장을 하기에는 연상이 좋지요. 영화 보고 아이스크림 들고 걷기에는 연하가 좋지요. 그들이 없는 시간들이 여름날 그림자처럼 늘어져요. 부르기만 하면 어디도 마다하지 않고 뛰어갈 텐데요. 노을은 지기도 하고 달꽃을 피우기도 하지요.

뜨거웠던 하루의 흔적이 불그스럼하게 묻어있어요. 시라도 읊을 수 있다면 금상첨화가 아닐 수 없죠. 노래를 부르며 새벽바다를 향해 운전을 해줘요. 휴게소에서 국수를 먹고 편의점에서 김밥을 먹어요. 집에도 시장에도 거리에도 상점에도 오세요. 고양이 기지개를 켜면서도 문밖으로 달릴 걸요.

봄밤

밤의 혀는 터지기 직전의 봄꽃을 핥고, 밤의 손은 끊임없이 푸른 싹을 탐한다. 밤 사이 떨어진 겨울나무의 허물들이 똬리 틀고 널브러져 덕지덕지 뒹굴고, 그대 손끝에서 타오르기 위해 떨었을 심지 같은 행위는 하냥 서러워 울었다.

터지지 못한 꽃들의 어지러운 낙화는 퀭한 심장을 닫고 푸른빛으로 떠돈다. 다시 길 떠난다 그것이 그날 봄밤이다. 봄밤에는 함부로 사랑을 논하지 말고, 슬픈 이별의 대답도 던지지 마시라. 스스로 떠난 길 찾을 때까지 묻어두시라.

아메리카노

과하지 않은 슬픔이 비브라토로 내리는 날이야. 떠날 준비하는 잎들이 숨표를 머금는 날이야. 바닥에 몸 구르는 그 위로 네가 지나는 날이야. 이미 차가워진 너를 목구멍 속으로 밀어 넣으며 뜨거운 내 말을 끌어안는 그런 날이야. 단숨에 너를 삼킨다는 건 심장을 데이는 일이지.

너와 내가 주고받던 말들이 굴러다니는 날이야. 첫 마음 언어와 마지막 말의 모호한 체온 차이 하강하는 시간 앞에 무기력하게 흐르는 건 눈물일까. 거품 없는 네가 좋아 새롭게 눈뜨는 너라는 세상, 까맣게 익어가는 까만 세상을 살아가는 날이야. 너는 질리지 않아서 좋아 변함이 없는 날이야.

반과 반 사이의 여자

오랜 시간 작은 몸으로
많은 것을 담아내던 종지가 떨어지면서 반으로 갈라진다.
자잘한 부스러기 하나 없이
반과 반으로 쩍 갈라진 모습은 더 단단하게 반짝인다.
젖가슴 한쪽을 비운 여자가
부지런히 땀을 흘리며 러닝머신을 걷고 뛰고 달린다.
수술대에서는 세상이 반으로
갈라지는 고통이었지만 비워진 반이 자유롭다고 한다.
훤히 비워진 곳을 따라 거침없이
물줄기가 흐르고 연어의 지느러미가 팔딱거린다.
담아내고 품어내며 자잘한
부스러기들을 다 떨어낸 젖가슴은 더 넓은 대지가 된다.
다시 말들이 달리고 새가 날고
별별이 열리고 또 하나의 우주를 담고 만들어낸다.
반과 반 사이는 ~과만이 아닌
부족하지 않고 채워지고 새로워진 몸으로 빚어진다.

낭만을 파는 술집

오래된 연애담을 집어삼키며 왕년에 잘나가던 젊은 날을 토해낸다. 테이블 밑으로 잡은 손이 골목 어귀 불 끄면 끝나는 연애로 불을 켠다. 불판에 껍질이 타들어 가다가 멈추고 멈추었다가 다시 타들어 간다. 사람의 살갗도 사람의 살갗에 닿으면 훨훨 타는 불맛 냄새가 나야지.

돼지 껍질은 불이 붙다 꺼지지만 내숭스러운 네 맛도 내 맛도 아니다. 홀라당 벗겨진 민낯의 껍질은 타지 않는 것에 불이 붙는 척만 한다. 술잔 속에 빠지는 붉은 눈들이 허튼 고백으로 뎅그렁뎅그렁 부딪친다. 얼마큼의 불을 더 붙여야 우리는 오늘 밤을 오래오래 말아먹을 수 있을까.

똥개

똥개들이 벌건 대낮에 진탕하게 놀고 있다.
벌건 대낮이어도 절대로 부끄럽지가 않다.
부끄럽지 않으니 돌팔매질도 무섭지 않다.
무섭지 않으니 절뚝거리면서도 끝까지 논다.

버스정류장

기다리는 버스가 오지 않는다 오다가 길을 잃어버렸다.
41번 버스가 섰다가 간다 66번 버스는 서지도 않고 간다.
수시로 버스는 도착하지만 기다리는 버스는 오지 않는다.

헤어진 연인의 문이 닫히고 약속 없는 아이의 문이 열린다.
남자의 머리가 창을 박고 여자의 하이힐이 똑딱거린다.
남자는 자꾸만 이탈을 하고 여자는 끊임없이 찾는다.

보내지 못한 밤이 뜨고 쓸쓸해질 시간이 겹겹이 쌓인다.
노선을 벗어난 버스는 돌고 돌면서 긴 여행을 떠나고,
이정표를 떼어낸 여자의 눈이 바다같은 밤보다 깊어진다.

이별을 연습하다 이별을 이별하기도

너를 생각하면
꽃이 피었고 너를 생각하는 순간 꽃은 시들기도 하였지.
쏟아지던 햇살은
다른 곳으로 숨고 나비는 문밖에서 다만 팔랑거리지.
시든 꽃이파리를
뜯어내며 삼백육십오일 마른 가지에 물을 주었지.
지난날 너는 웃고
나는 울고 이별하기 위해 서해바다로 가고 있었지.
새는 서로의 날개를
만지고 잠자리는 서로의 날개를 비빈다지.
꽃도 꽃들끼리
키스하고 고슴도치는 가시에도 상처가 나지 않지.
깍지 낀 손가락
사이 한 송이 두 송이 꽃이 피고 너는 오늘도 별이 되지.

멈추지 말아요

신기하게 도로의 신호등이 사거리마다 길을 세운다. 속도를 지키고 신호를 지켜야 한다고 자꾸 세운다.

핸드폰에 불이 반짝이며 알만한 아이디가 머뭇거린다. 댓글이 흔들리면서 곁눈질하면서 선을 넘으라 유혹한다.

침범하지 마 선을 넘지 마 여차하면 구속할 거야. 속이려고 훔치려고 노란불이 번쩍거리며 달려든다.

떠다니는 시선들이 겹치고 말들이 놀다가 배가 고프다. 더 놀다 가요, 위험하지 않아요 선을 밟고 넘어주세요.

다 같이 어려요

아이의 컴퓨터에 알록달록한 포스트지들이 붙어 있다. 책상에는 이력서가 쌓이다가 늦어지는 귀가에 쓰러진다. 얇은 문을 타고 건너오는 아이의 한숨을 애써 외면한다. 더 안아주지 못하고 문밖에서 기다리는 시간들을 배운다.

엄마시대도 어렵지만 우리시대도 너무 어려운 거 같아요. 깔깔대며 웃다가도 곧잘 말을 숨기고 문을 닫아버린다. 떼었다가 붙이고 색을 잃어가는 포스트지를 뜯곤 한다. 다 피우지 못하고 말라가는 꽃을 유리병에 다시 꽂는다.

수상한 문

여자가 잠긴 가게문을 발로 찬다.
사연이 많아요 들어 주세요.
걸어 잠근 문이 열리지 않는다.

문을 열어줄 누군가를 불러야겠어요.
전화를 받고 나간 남자가 돌아오지 않아요.
아이들이 아빠를 찾아요.

내 말을 들어주세요.
가로등이 여자의 등에 자리를 내어준다.
쓰레기 더미를 뒤지던 고양이가 돌아본다.

골목 안에 사연들이 떠돈다.
가게문은 열리지 않고,
골목에는 아무도 보이지 않는다.

| 제3부 |

한밤의 낯선 번호

낯선 번호가 밤새 창을 두드린다.
모두 잠든 새벽 다급한 얼굴이다.

무슨 말을 하고 싶었던 것일까.
새벽에 왜 창문을 두드린 것일까.

오래전 사라졌던 그가 찾았을까.
만나지 못한 채 떠난 낯선 영혼,

하루종일 머릿속에 떠다닌다.
누구일까 무슨 일이었을까.

전화 다시 오면 받아봐야겠다.
하지 못한 말이 무엇이었는지,

몇 번이나 번호 누르다가 만다.
버린 인연일까 새로운 인연일까.

펜의 번아웃

잉크가 마른
펜들이 가방 속에서 책 사이에서 툭툭 튀어나와요.
당신의 손가락을
더듬으며 당신의 머릿속을 헤쳐가며 놀았죠.
밤새 썼던 글들은 집어치우고
시를 버리고 멀리 떠난다면 잊을까요.
펜은 애인의
통속적인 사랑 늙은 혼잣말 피지 않는 꽃을 쓰려고 해요.
밤하늘 함박눈을 보듯
네 눈이 예뻐서라고 하면 얼마나 가벼운가요.
사실만을 고집하지 않아도
어떤 혁명가보다도 붉은 생을 보여주어요.
날카로움이 부드러워지고
써야할 남겨진 이야기는 날아가 버려요.
손가락의 체온은 풀어지고
어느새 각자의 계절 속으로 돌아가요.

봄아, 연애하자

몸살을 꺼내놓기 얼마나 어려웠는지 당신은 모른다. 몸살의 생각과 말과 문자는 하나 되기가 쉽지 않고, 말하는 것도 써 내려가는 것도 모질고 모진 행위다. 연초록 잎으로 두터운 나무살 쑥 뚫고 나오는 봄아,

차가운 대지 위로 어느날 갑자기 내미는 푸른 봄아, 그러나 아직 대지 속에서 썩는 말들은 아무도 모른다. 언젠간 내놓으리라 기다리며 여미고 여민 봄의 몸살. 오라 흔하디흔한 말이지만 그건 기억 속의 북소리지.

모란이 피던 날

들녘을 온갖 색깔로 수놓았던 꽃들이 나란히 눕는다.
흙담 물들이던 봉선화도 장독대 주위 모란도 눕는다.
통째로 뽑힌 채 다리 사이 풍성했던 뿌리가 드러난다.
혈관에 바늘 꽂은 그녀는
들짐승이 숨어든 듯 잠이 든다.

먼저 간 꽃송이를 몽환 중에 부르며 다시 꽃으로 태어난다.
시들다가도 쓰러졌다가도 짐승에 물어 뜯겨도 다시 핀다.
젖은 눈동자 가는 손가락이 자식의 이름 손자를 찾는다.
빠르게 태어난 곳을 향해 걷는다
여기는 노인의 나라다.

꽃에게로 눕다

잘 걷다가도 넘어질 때가 있다.
이빨 하나 땅속에 처박히고 무릎은 꺾여서 멍이 든다.
넘어지지 않으려고 버둥거렸던 날의 기울기가 사라진다.
남의 마음을 훔치려다가 그의 바리게이트에 매번 걸린다.

남의 행적을 살피며 그물망을 치고 걸려들기를 바란다.
이것이 정답이야 하고 믿던 날들이 밑바닥에 드러눕는다.
바닥에도 눈 뜬 채 넘어지고 깨진다 결국 바닥에 선다.
당당히 자빠져 있고 걸어가다 보면 어느새
사랑초가 핀다.

한쪽 구두를 찾아

먼지 쌓인 상자 속 구두 한 짝이 보이지 않는다.
지난봄 꽃잎 짓이겼던
빨간 구두
어디로 떠났다.
쏟아지는 꽃잎들을 주우러 도시 밖으로 사라졌다.

먼 별의 흔적을 따라 구두 한 짝이 걸어 나온다.

늦었지만 한 번쯤 다른 한 짝을 만나고 싶어서다.
발가락 사이 떨어지는
꽃잎을 주우며
더듬거린다.
구두의 서툰 기억들이 어둑한 새벽길을 돌아온다.

김칫국

몸이 아픈 날은 김칫국 푹푹 끓여 찬밥 한 덩이 말아 후루룩 삼킨다. 늘어진 멸치가 열 나는 이마를 만지면 들녘 덮은 수건의 땀내가 난다. 부뚜막에서 김칫국 떠 넣던 어머니의 등 뒤에 너덧 그림자 앉어있다. 그녀가 손톱 세워 긁어댄 대지는 굶기지 않으려는 식은 김칫국이었다.

자신의 몸을 뎁힐 시간이 없던 그녀에게서 햇볕에 그을린 짠내가 난다. 불뚝불뚝 일어서는 콩나물이 땀방울을 먹어대며 삭은 찬밥이 넘어온다. 그녀의 그녀도 하루를 그렇게 먹고 있는지 밥알들이 목구멍에 곤두선다. 서로의 생을 배불리려 애쓰며 하루치의 밥거리가 시간의 터널을 지난다.

들개의 해빙기

얼음장은 흔들리지 않고 변함없이 반짝이며 녹는다.
깨질 때도 녹을 때도 반짝이고 흐르면서도 반짝인다.
하늘이 찢어지는 소리가 나도
반짝거림을 멈추지 않는다.

건너 행성에서 한 발자국도 나오지 않고 긴장을 즐긴다.
다른 행성에서 눈짓도 하지 않고 토막 난 꼬리 살랑거린다.
쥐뿔도 없지만 사랑은 이래야 한다고
년놈이 따지기* 한다.

뚫고 나오는 얼음은 부풀어 오르고 초록 단물은 차오른다.
얼고 녹는 것이 반복되고 터지고 마는 봄날이 자지러진다.
얼음이 태어나면서도 죽으면서도
반짝이는 것은 해 탓이다.

* 얼었던 흙이 풀리려고 하는 초봄 무렵.

지랄하고 싶은 꽃

꽃은 지랄이 하고 싶어요.
벌들이 먼저 시위를 하네요.

꽃이 온종일 꼼짝을 안 해요.
두 마리가 함께 와 화가 났어요.

오늘은 왜 한 마리도 오지 않을까.
내 참, 아침부터 비가 내립니다.

데드라인

스무 살의 아이가 백오십 킬로로 달린다.
이십 킬로로 달려야 해 삼십 킬로는 위험해.
누가 그렇게 천천히 달려요 뒤처질 거예요.
이십 킬로로 달려야 해 그게 너의 속도야.
누가 쫓아 오잖아요 나를 추월할 거예요.
앞에 차가 없어야 해요 자기 속도는 없어요.
밤의 도로 위에 불빛의 아우성 가득하다.
불빛들 속에 마주치는 선명한 눈동자들
절박한 신음이 밤의 속도를 가로지른다.
남자와 여자가 달린다 아이와 어른이 달린다.
우리가 달린다 모두가 달린다 멈추지 않는다.

엄마의 전화

시골집 뒤뜰의 함박꽃이다.
장독대를 버티고 있는 감나무의 감꽃이다.
고향을 지키는 느티나무이다.
으레 떠올리는 시골 풍경이다.
어떤 말로 시작해 무슨 말로 끝날지 너무 뻔한
엄마의 전화는.

내 모습에서 그녀가 보인다고 한다.
점점 문학소녀가 되어간다고 한다.
세월이 흐를수록 애틋하다는 그에게 나는,
언제나 붉은 카네이션이라는 아들에게 나는,

함박꽃이고 싶고, 감꽃이고 싶고, 고향마을 느티나무이고 싶은, 나는 엄마 같은 엄마가 되고 싶다.

시詩 같은 욕

시를 쓰던 그대는 늘 쓰고자 하는 상상놀이에 갇혔지요.

긴장에 긴장을 더하고 배고픈 뱃속에 꾸역꾸역한 먹물, 문자를 뱉어낸 만큼 생을 게워내기라도 하는 것인가요.

어떤 그림의 채색 위로 천연덕스럽게 분칠한 시인의 욕망, 살과 살 속에 무미건조한 뼈를 박는 일은 아니던가요.

예민한 것들 흔들리는 것들 빛 들지 못한 언어에 대해. 통속적 사랑에 대해 詩발, 결국은 시답지 않은 것에 대해.

밤새 문장 한 줄

어둠 속에서 문장 한 줄 갉아먹는다.
밤새 빈 벽에 그림 그린다 세상에 없는 기호다.
새벽이면 죽을 뼈다귀 언어가 종이 위에서 춤춘다.
시선은 빗겨나가고 몸짓은 더욱 가난해진다.
저주스러운 문장이여 나는 밤고양이가 되고 싶다.
능선을 타고 은밀히 젖어온 꿈같은 이여,
정처 없는 바람은 어두운 창가를 휘청거린다.
이불을 들치며 밤새도록 이별한다.
사랑하다가 뒤엉킨 문장은 말라비틀어진다.
비켜만 가는 그대와 남은 자의 서러움이여,
그래도 희망은 있다고 속고 싶은 거짓말을 한다.

별자리 찾기

헤어진 다음날에는 조각난 별들이 꼭 술잔 위로 뜬다. 오각형 별들은 헤어진 사람들의 마음이 모인 조각이다. 별들의 거리를 검색하다가 도시로 숨은 별을 찾아간다.

지구 밖 행성은 별을 헤아리듯 잃어버린 이름을 찾는다.

잠 한 줌 들고 어두운 창가에서 조각난 별들을 줍는다. 어둠이 걷히면 별들도 자리를 잃고 산산이 부서져 내린다. 별의 조각들을 주우며 떨어져 나간 나의 꿈들을 깁는다.

그 여자가 우는 법

넘어진 여자의 얼굴에 경고등이 켜진다.

바람이라도 들 듯이 시퍼렇게 부푼 팔뚝, 순간 누군가 따귀라도 때린 것처럼 운다. 작은 몸 안에 서슬 퍼런 눈물이 고이고, 푸른 멍 사이 낯선 여자 하나 떠오른다.

가시 돋친 여자가 깨진 발톱 감싸 안고 잠수한다. 여자도 모르는 여자의 시간이다. 표류하다가 표면 위로 부풀어오는 꿈들이 여자, 엄마, 아내, 다시 소녀, 다시 여자로, 한때처럼 언제나처럼 들꽃 같은 시를 쓴다.

퍼렇게 멍든 가시 하나
빼내는 여자.

가면놀이

얼굴에 얼굴을 쓰고 빈말을 건넨다.
가면 위로 칼날 같은 바람이 인다.

사랑을 위해 살인한 남자가 온다.
그 어깨 위로 잿빛 바람이 분다.

몇 꺼풀 눌러앉은 표정 사이로,
덕지덕지 달라붙어 미끈한 속살.

화려한 늪에 수장되어 말이 못된 말들,
너는 말하지만 부드러운 음조音調가 없다.

점점 두꺼워지는 너를 듣고 싶다.
슬프면 울어야 하고 사는 것은 아프다.

돌탑

돌탑 위 잠자리 한 마리만으로도 기도가 된다는 것을 알았다. 벌레 먹은 나뭇잎 올리고 부서진 돌 올리고 이름 하나 올린다. 이름은 돌 위로 튀어 오르고 사연은 기도 되어 속으로 스민다.

이름 하나 울고 이름 하나 아프다 이름 하나 들고 이름 하나 간다. 크기는 사연대로 다르지만 벌어진 틈을 메우며 하늘로 오른다. 와르르 흩어져 별로 박히고 마지막 이름 하나 염화미소로 빛난다.

달과 개

눈을 뜨자마자 개가 꼬리를 흔든다.
등을 맞대고 누워서 혀를 날름거린다.
핥아대고 물고 깨물고 종종종 따라다닌다.
밥 달라 안아달라 연신 꼬리 흔들며 무너진다.
짧은 꼬리 점점 자라더니 두 가닥으로 나누어진다.
달빛 창을 뚫고 들어오는 날은 아무 데나 드러눕는다.
가만히 쳐다보다가 앞발 내밀고 쳐다보다가 뒷발 내민다.
한바탕 싸우자던 여자 꼬리 내리자 달이 구름 속에 숨는다.

어머니의 칼

어머니의 부엌에는 오래된 칼이 있다.
어머니와 달리 칼은 더 날렵해져 간다.
아버지 돌아가신 후부터 놓을 수 없었다.
밤마다 날을 갈며 여자의 일생을 불렀다.

일천 마리 새우로 충충시하 밥상 차리고,
까까머리 아들들을 걸진 욕으로 길러냈다.
예전 같지 않다면서도 어머니 칼은 여전하다.
칼이 그렇게 무뎌서야 어따 쓴다냐.

쓸쓸의 노래

쓸쓸을 만난다. 골목어귀 끝에 쓸쓸이 서 있다. 쓸쓸을 따라간다. 쓸쓸의 손을 잡으면 환한 불이 켜질 줄 알았다. 쓸쓸을 끌어안을수록 더 큰 쓸쓸의 몸이 된다. 서로의 몸속을 들어간다는 건 더 깊은 쓸쓸을 만나는 일이다.

산을 오른다. 한 발짝 한 발짝 내디딜 때마다 쓸쓸이 달라붙는다. 쓸쓸의 계곡을 건너고 쓸쓸의 들을 걷게 한다. 더 쓸쓸한 사람을 찾고 더 쓸쓸한 전화번호를 펼치고 결국은 번호를 누른다. 쓸쓸한 인사가 물소리에 묻힌다.

꽃으로 피는 시기는 따로 있다고 말하면서 피는 시기를 알지 못한다. 꽃으로 피려고 버둥거릴수록 빠르게 진다. 빨리 걸어도 보고 숨이 차도록 책을 읽기도 한다. 나는 여전히 쓸쓸을 만난다. 다시 피려고 온몸이 쓸쓸이다.

| 제4부 |

들판의 새

—어머니

비가 내리는 들판에 몇 마리 새들이 자빠져 있다.
젖은 날개를 잠시 퍼덕거리다가 결국엔 포기한다.

들판은 출구 없는 섬이다.
섬 안에 갇힌 시간이 하얗게 변한다.

날 선 마스크가 서로에게 돌진한다.
앙다문 입술이 서로의 갇힌 사랑을 물어뜯는다.

스스로 죽어가기

그렇게 살아도 죽는 줄 알았다.
그렇게 살지 않아도 죽는 줄 알았다.
그렇게 먹어도 죽는 줄 알았다.
그렇게 먹지 않아도 사는 줄 알았다.
그렇게 사랑해도 죽는 줄 알았다.
그렇게 사랑하지 않아도 사는 줄 알았다.

어떻게 살아도 죽는 줄 알았다.
어떻게 살지 않아도 죽는 줄 알았다.

헛소리를 하다가 잔다.
헛소리를 하다가 밥을 먹는다.
헛소리를 하다가 사랑을 한다.
헛소리를 하다가 울고 웃는다.
헛소리를 하다가 하루를 보낸다.

낮술문자

낮술을 마신 날에 주저리주저리 문자를 날린다.
글자들이 찰랑거리며 숨겨놓은 이름을 불러낸다.
술에 취한 척 혀를 잔뜩 꼬부리면 누구라도 알까.

낮술의 맛을 아는 나이가 되었느냐고 묻는다.
술잔을 마주치며 사는 게 별거냐고 침을 튀긴다.
쨍한 날 홀짝홀짝 두드리는 핸드폰에
달이 뜬다.

동백 문신을 한 여자

그녀는 헤어지고 죽을 것 같다면서 몸에 동백을 새긴다. 누군가를 만날 때마다 이제 시작이라는 듯 꽃을 새긴다.

세끼 밥을 먹기 위해 누군가를 몰래 안는다는 것은, 빙하 속에서도 얼지 않고 꽃이기 위해 살아간다는 것은, 얼마만큼 자신을 서로에게 파괴해야 하는 건지 모른다.

오늘 피고 다음 생을 말하지만 약속들은 모두 얼어버렸다. 소식 없는 손을 내미는 것은 질기도록 무거운 악수이다. 피울 수 없는 땅의 피 다 뽑아내도 닿지 않는 연이 있다.

누군가의 심장을 찾아 은밀해졌을 때 몸 어딘가로부터 동백이 핀다.

얼마나 다행인가

마음이 보이지 않는다는 건 얼마나 다행인가. 어느 땐 마음을 보여줄 수 없다고 답답해 하지만, 마음이 보이지 않는다는 것은 정말 축복이야.

웃는 얼굴 속에도 저주가 숨어있다고 하는데, 한쪽 눈으로 사랑하고 한쪽 눈으로는 흘기고, 죽어야 할 거야 마음속에서 살기를 거부할 거야.

말하지 않아도 안다는 말은 얼마나 웃긴 말이니. 위로하면서 노래 부르고 축하하면서도 질투하는 우리는 서로의 마음속에 아무렇게나 사는 거야.

나는 나를 모르는 거야 너도 너를 모르겠지. 자신의 마음을 모른다는 게 얼마나 다행이니. 마음을 말하지 말아줘 나는 너를 알지 못해.

헛소리

그녀가 너 따위는, 하고 따졌다.
사람 달이 말했다.
우리 달을 따기로 하자.

그는 장대를 가지러 갔다.
나는 달이 물에 빠진 순간 건진다.
하늘에 뜬 달을 따는 것은 어렵지만,
물에 빠진 달을 건지는 것은 쉽지.

이태백은 물에 빠져 죽었지만,
강태공은 나라를 세웠다네.

장난치다가 유희가 되었네.
유희를 즐기다가 마술이 되네.

12월의 기도

상실과 절망과 미움과 증오여, 붉은 십자가 유난히 뚜렷한 겨울밤 12월 기도는 그런 거 아니던가요.

차마 전하지 못한 말들이 쌓여있어요. 미안하지 않은 이별이 없듯 미안하지 않아도 되는 이별은 없지요.

전화해도 돼요? 이별 후, 이 말이 그렇게 힘든 건지 몰랐을 때 더이상 부르지도 지우지도 못하게 된 이름이 있어요.

말라가는 속옷처럼 외로울 때가 있어요. 혹여 우울이 드러날까 권태가 묻어날까,

불통이어도 이해해요 당신을 위해 맑아지는 날이에요. 12월 기도는 자꾸 길어진다 기도 끝의 투명한 언어들.

엄마가 웃는다

꽃인가요? 활짝 피었지요?
물을 때마다 꽃은 웃는다.
엄마도 웃는다.

그것뿐이었어요. 가려운 곳을 건드릴 때마다 몸이 들썩인다. 눈물 한 방울이 몸을 건드리고 몸을 건드릴 때마다 엄마는 웃는다.

꽃이지요. 활짝 피었지요.
말할 때마다 꽃은 웃는다.
엄마가 웃는다.

코스모스의 꿈

코스모스꽃이 달려가고 있어요.
바람을 가르며 달려가고 있어요.
머리핀이 빠지도록 달려가고 있어요.
꽃가지가 부러지도록 달려가고 있어요.

가다가 술이 고프면 내리라 하네요.
봄눈이 내리면 무작정 내리라 하네요.
언제든 쉬고 싶으면 내리라 하네요.
애시당초 약속이란 없었어요.

사라진 계절

새벽부터 벌레를 잡기 위해 물까치가 숲으로 날아가고, 아버지는 오랜 시간 지게짐을 지고 밤나무숲을 걸어오고, 평생을 들녘에 몸을 맡긴 어머니가 흙꽃으로 피어나고.

사라지지 않고 안개 속에 숨어있는 비릿한 유년의 숨들이, 꽃을 피우려 할수록 먼저 지기부터 하는 젊은 날들이, 어둠을 먹어도 허기진 배를 움켜쥐고 지새는 지금의 밤이,

보이지 않는 벌레를 찾다가 겨우 새벽별을 보기도 하고, 한시도 내려놓지 못한 어깨의 짐들이 가벼워지기도 하고, 평생 흙바닥 걸은 어머니의 발이 향기로워지기도 하고,

그렇게 살지 않으면 빠르게 더 빠르게 죽는 줄 알았다.

반쪽의 알고리즘

낭만은 가난도 주고 당신도 주었다.
어머니는 비어가는 쌀독 북북 긁으며 풍진세상이라 울고,
아버지는 흑백티브를 보며 참 재미난 세상이라며 웃는다.
반쪽의 그와 반쪽의 그녀는 반쪽의 아이들을 낳고,
반쪽의 아이는 반쪽의 당신을 만나고,
낭만은 하나를 꿈꾸는 내게 늘 반쪽을 보낸다.
반쪽의 당신을 안고 반쪽의 꿈을 꾼다.
오늘도 반쪽이다.
당신도 오고 가난도 온다.
반쪽의 몸이 기우뚱하며 반쪽의 몸 옆으로 기울고,
서로의 반쪽이 어두운 방에 하나의 그림자로 눕는다.
반쪽과 반쪽이 만나서 하나처럼 울고 웃는다.
반쪽과 반쪽이 만나 다시 반쪽이 되지만,
돈이 없어도 웃고 웃다가도 울고 오늘을 산다.

가을나무

옷을 벗는다 스스럼없이 떨어져 나가는 허물이다.
정물이 되어버린 주름진 나신裸身이 무척 부끄럽다.

떠나지 못하고 서성거리는 바람 속 절정의 시간에도,
당신의 따스한 시어로 그윽했던 뜨거웠던 시간에도.

선명한 생의 나이테 한 줄 화인처럼 새겨주신다 그대,
이제 나 순백의 드레스 입고 반백半百의 세월 앞에 있다.

사월의 비

쏟아지는 비가 창틀을 두드린다.
사월의 비를 맞으면 온몸이 아프다.

초록의 소리가 굳은살을 뚫는다.

톡톡 토-옥 또르르,
바싹 마른 도시의 대지를 일으켜 세우는 소리다.
굴러다니는 투명해진
물방울은 그대에게 내지르는 속죄의 말들이다.
그대 옷깃에 스며들고
그대 살갗 속 파고들어 온몸으로 쓰는 연서다.

꿈

웃던 아이의 엄마가 된 아이들은 어디에서 웃고 있을까. 별 헤는 밤을 외며 별이 빛나는 밤의 라디오 듣던 아이는, 무겁던 책가방을 벗은 어깨가 이제는 조금 가벼워졌을까. 희야, 너는 지금 어디에서 어떤 모습으로 웃고 있을까.

조문하는 저녁

검정 원피스 위로 먼지가 내려앉는다.
차마 보낼 수 없는 시간의 먼지들이 스민다.
왜 그것뿐이었을까 답이 없는 질문들만 풀썩거린다.
손끝만큼의 세상도 덥석 만져보지 못한 먼지가 운다.
굳이 이별의 말을 던져도 사랑이 될 수 있다는 것을 안다.
굳이 사랑한다는 말을 해도 그것이 이별이라는 것을 안다.
기억들이 불러 세우고 미처 지지 못한 꽃으로 붙는다.
주고받지 못한 남겨진 말들이 우주의 빛 속으로 굴러간다.
서로 엉겨 붙은 생의 흔적들이 느슨해지고 풀어진다.

신선한 죽음

편의점에서 일회용 도시락을 산다.
물건마다 바코드가 찍히고 유통기한이 존재한다.
이른 날짜부터 아직은 닿지 않는 유한의 숫자들이다.
신선한 재료 신선한 세척 신선하게 진공포장 된 시간들.
햇살이 없는 캔 속에서도 신선하게 존재할 수 있는 시간들.

나에게 새겨진 숫자들은 어느 선에서 어느 때까지 신선일까.
저마다 하루치의 의문을 품고 깡통속으로 다시 들어간다.
죽음이 상관없이 멀다가도 어느새 바짝 다가앉기도 한다.
하루의 기한을 채우고 내일의 시간을 애써 꿈꾸기도 한다.

깨어나야 해.
나를 신선하게 만드는 일은
날마다 어떠한 모습으로든 죽어보는 것.

할머니와 지팡이

팔십 노모의 다리는 서로 굵기가 다른 세 개의 다리다. 몸 비우고 얻은 두 다리는 코끼리다리처럼 위풍당당하다. 중심이 세 개의 다리로 모아지면서 시간들도 중심을 잡는다. 가족 위해 걸어온 다리 지켜주는 생의 마지막 또하나의 다리, 때로는 일렬로 삼각으로 지축 흔들며 코끼리걸음 걷는다.

노을 지는 저녁이면 그녀는 또그닥또그닥 스텝을 튕기며 어둠 속을 간다.

이별 후

사람을 봐도 금이 가고 꽃을 보아도 금이 간다. 너라는 세계가 금이 가고 결국 두 쪽으로 나뉜다. 보여주어도 보지를 않고 들려주어도 듣지를 않는다. 서로의 눈을 마주치지 않고 피하고 던지고 깨트린다.

정상적으로 찾아보려 하지만 언제나 비대칭이다. 알 수 없는 부호들이 의미 찾아서 오늘을 흔든다. 서로를 끝까지 모르는 불투명한 유리알 속 세상이다. 달아났다가 어느새 바짝 다가서는 저만큼 너는 서있다.

몽산포의 밤

조개무덤 속에 발이 빠진다.
피부가 찢기고 피가 흐른다.
조개무덤은 죽은 시간이 아니다.
덮치는 모래를 품고 사각사각 긁어댄다.
파도의 무게를 견디며 스스로 단단해진다.
오랜 시간 잉태한 진주 한 알이 굴러 나온다.
조개만큼 강한 생을 읽어 본 적이 없다.
까칠했던 몸이 달빛 아래서 빛난다.
뱉어내지 못한 말들이 쏟아진다.

|해설|

시의 꽃을 피우려는 욕망, 치열한 자의식이 빚어내는 언어의 무늬

박 완 호 | 시인

시는…… 아무것도 아니면서 그것 없이는
살아도 살아지지 않는 그 무엇이다.
그러니, 시는 언제나 나의 문제가 된다.
—박세현, 『시인의 잡담』에서

시의 언어로 꽃 피는 강한 자의식

우중화 시의 바탕에는 매 순간 늘 무언가를 쓰고자 하는 욕망을 지닌 화자의 강한 자의식이 깊이 스며 있다. "오래도록 두터워지고 습관화된 말들에 대한 저항"(「검정의 연애」)의 성격을 띤 그의 언어는 "참말을 거짓말스럽게 거짓말을 참말스럽게" 담아내려는 태도를 지니고 "검정스런 몸짓에 남겨진 폐허" 속에서 '혼돈의 어둠처럼 빛나는' '태초의 묵음들'을 자기만의 방식으로 형상화하려 한다. "화려한 이모티콘들이 아무 데서나 불쑥불쑥 튀어나오는 디지털시대"(「당신을 읽어요」)에 '퇴근 후의 무거운 어깨를 야무지게 받쳐주는' 한 권의 시집을 한 줄 한 줄 읽으며 깨어나는(「어떤 유언은 오래도록 자란다」) '나'의 내면세계는 아들이 아닌 딸로 태어났다는 이유만으로 어쩔 수 없이 많은 것을 포기해야만 했던 어린 시절의 아픈 기억과 뿌리 깊이 연결되어 있다. 오래된 기억 속에서 순간순간 튀어나오며 '꽃처럼 피어나기도 하고 사라지기도 하며 남은 생을 간섭'하는 어떤 유언은 여자가 무슨 대학이냐며 아들들만 공부시킨다고 아들에게 줄 땅만 사셨던 그 시절의 '아버지'를 떠올리게 하며, 그런 가운데도 무언가를 원고지에 밤낮없이 써 내려가던 '울지 않는 아이'는 지금은 '자연이 주는 모국어로 시를 뿌리고 시를 키우는' 시인의 삶을 살아가는 중이다. 기억 또는 현실을 고스란히 재현하거나 독특하게 비틀어가며 자기만의 시 세계를 만들어가고자 하는 시인의 태도는 화자가 그때그때 마주치는 상황과 대상에 따라 다양하고 구체적인 모습으로 형상화되어 나타난다.

어떤 유언은 꽃처럼

피어나기도 하고 사라지기도 하며 남은 생을 간섭한다.
햇살이 펼쳐놓은 책의
행간을 죽죽 그어대며 유년의 기억들이 튀어나온다.
언젠가 아버지는
아이가 쓴 원고지들을 폐지 아저씨에게 몽땅 팔아버렸다.
책이 밥 먹여 주느냐는
말이 배가 고픈 것보다 더 아이를 아프게 만들었다.
여자가 무슨 대학이냐
아들들만 공부시킨다고 아들에게 줄 땅만 사셨다.
소똥보다 더 싼 값에 팔려버린
밤낮없이 썼던 원고지들이 아직도 떠돈다.
떠돌다가 대지 위에
씨를 내리고 싹이 나고 자라면서 아이는 울지 않는다.
바람에 묻어온
흙냄새가 손가락에 베어 사뭇 진지한 유언을 남긴다.
아이는 배가 부르도록

자연이 주는 모국어로 시를 뿌리고 시를 키운다.
마지막 장을 덮을 수가
없는 늦은 새벽 한 그림자만이 그렁그렁하다.
—「어떤 유언은 오래도록 자란다」 전문

그녀의 목구멍에서 뱀 한 마리 기어 나와 독을 뱉는다. 내

말을 믿지 못하는데 그는 나를 더 믿어 내가 더 잘 쓴대. 언니가 글을 잘 쓰려면 결국에는 나를 죽여야 할 거야.

예술은 돈으로 만드는 게 아니야 순수로 꽃을 피워야 해. 꽃잎을 몽땅 뜯겨버린 벌거벗은 몸에 멍 자국이 가득하다. 독설이 그 남자에게로 세상에게로 나에게까지 쏟아진다.

말랑말랑한 심장이 쿵쿵거리며 그녀의 귓속말을 듣는다. 불안하게 흔들리는 그녀의 입술을 떼어 바람 속에 던진다. 함부로 핀 그녀의 말이 독사가 되어 달 속으로 숨는다.

—「독설로 피는 꽃」 전문

시를 쓰던 그대는 늘 쓰고자 하는 상상놀이에 갇혔지요.

긴장에 긴장을 더하고 배고픈 뱃속에 꾸역꾸역한 먹물, 문자를 뱉어낸 만큼 생을 게워내기라도 하는 것인가요.

어떤 그림의 채색 위로 천연덕스럽게 분칠한 시인의 욕망, 살과 살 속에 무미건조한 뼈를 박는 일은 아니던가요.

예민한 것들 흔들리는 것들 빛 들지 못한 언어에 대해. 통속적 사랑에 대해 詩발, 결국은 시답지 않은 것에 대해.

—「시 같은 욕」 전문

시인의 시 쓰기는 누구와도 공유할 수 없는 작업으로, 누군가는 "그는 나를 더 믿어 내가 더 잘 쓴대"(「독설로 피는 꽃」)라는 뱀 같은 독설을 뱉어가며 자꾸 '나'를 자극하지만, '순수로 (시의) 꽃을 피우려는' 자아의 욕망은 날 선 독설에도 생기를 잃지 않고 자기 자신을 시의 길로 더 강하게 이끌어간다. "언니가 글을 잘 쓰려면 결국에는 나를 죽여야 할 거야"라는 목소리에는 시를 쓴다는 것은 어떤 의미에서 '자기 자신을 죽이는 일', 달리 말해 끊임없는 자기 갱신을 요구하는 일이라는 의미심장한 메시지가 깃들어 있는 것이다. 그렇듯 '늘 쓰고자 하는 욕망'에 갇힌 이 시인에게 있어 시 쓰기 작업은 한마디로 '문자를 뱉어낸 만큼 생을 게워내는' 일이며, "예민한 것들 흔들리는 것들 빛 들지 못한 언어에 대해./통속적 사랑에 대해 詩발."(「시 같은 욕」), 결국 시답지 않은 것들에게 '시詩 같은 욕'을 해가며 자기만의 특별한 무언가를 계속해서 만들어나가게 되는 것이다.

그 여자가 우는 법, 엄마 같은 엄마가 되고 싶은

자기만의 독특한 시 세계를 만들어가기 위해서는 '나'라는 존재만이 지니는 '특별한' 어떤 것을 제대로 파악할 수 있어야만 한다. 우중화 시인에게 있어 그것은 "스스럼없이 떨어져 나가는 허물"을 벗고 "정물이 되어버린 주름진 나신裸身"

에게서 부끄러움을 느껴가며, "순백의 드레스 입고 반백半百의 세월 앞에" 서 있는(「가을 나무」) 반백半白의 '나'와 정면으로 마주하는 일이다.

옷을 벗는다 스스럼없이 떨어져 나가는 허물이다.
정물이 되어버린 주름진 나신裸身이 무척 부끄럽다.

떠나지 못하고 서성거리는 바람 속 절정의 시간에도,
당신의 따스한 시어로 그윽했던 뜨거웠던 시간에도.

선명한 생의 나이테 한 줄 화인처럼 새겨주신다 그대,
이제 나 순백의 드레스 입고 반백半百의 세월 앞에 있다.
–「가을나무」 전문

넘어진 여자의 얼굴에 경고등이 켜진다.

바람이라도 들 듯이 시퍼렇게 부푼 팔뚝, 순간 누군가 따귀라도 때린 것처럼 운다. 작은 몸 안에 서슬 퍼런 눈물이 고이고, 푸른 멍 사이 낯선 여자 하나 떠오른다.

가시 돋친 여자가 깨진 발톱 감싸 안고 잠수한다. 여자도 모르는 여자의 시간이다. 표류하다가 표면 위로 부풀어오는 꿈들이 여자, 엄마, 아내, 다시 소녀, 다시 여자로, 한때처럼 언제나처럼 들꽃 같은 시를 쓴다.

퍼렇게 멍든 가시 하나
빼내는 여자.

—「그 여자가 우는 법」 전문

그러한 과정을 통해 그는 "여자, 엄마, 아내, 다시 소녀, 다시 여자로,/한때처럼 언제나처럼 들꽃 같은 시"를 쓰며 "퍼렇게 멍든 가시 하나 빼내는 여자"(「그 여자가 우는 법」)인 평범한 일상 한가운데 서 있는 낯선 '나'를 발견해내기에 이른다. "사리라도 몇 개쯤 박혀서 자랑스레 들켜야 하는데 증세가 보이지 않는" 때로는 '아슬아슬한 연애가 필요'(「환절기 증후군」)한 여자이기도 한 나는 "망막이 찢어지며 핏줄기가 솟구쳐도 모르는 척"(「가시도마뱀의 여행」) 해가면서 "다다라야 하거나 걸어가야 할 곳"으로 어떻게든 나아가려는 가시도마뱀처럼 '굳어진 살갗을 위태롭게 떼어가며' '커다란 가시 돛을 세우는' 날 선 꿈을 꾸는, 시인이라는 이름을 가진 특별한 존재이다. '금이 간 항아리 속에서 일억 년 전의 원시를 꿈꾸는' 가시도마뱀 같은 '너'는 시인 자신의 모습을 떠올리게 하며, 그러한 자아의 내면 한구석에는 '평생을 들녘에 몸을 맡기고'(「사라진 계절」) 살아가시고 '눈물 한 방울이 몸을 건드리고 몸을 건드릴 때마다 웃는'(「엄마가 웃는다」) '어머니'라는 존재가 투명한 그림자처럼 자리 잡고 있다. 지금까지도 '사라지지 않고 안개 속에 숨어있는 비릿한 유년의 숨들'과 '어둠을 먹어도 허기진 배를 움켜쥐고 지새는 밤들'(「사라진 계절」) 속에 우두커니 서 있는 '엄마'는 순간순간 오늘의 '나'와 겹쳐지면서, 언제까지나 "함박꽃이고 싶고, 감꽃이고 싶고, 고향마을 느티나무이고 싶은, (나는) 엄마 같은 엄마가 되고 싶"(「엄마의 전화」)은 화자의 마음을 되새기게 한다.

> 낭만은 가난도 주고 당신도 주었다.
> 어머니는 비어가는 쌀독 북북 긁으며 풍진세상이라 울고,
> 아버지는 흑백티브를 보며 참 재미난 세상이라며 웃는다.
> 반쪽의 그와 반쪽의 그녀는 반쪽의 아이들을 낳고,
> 반쪽의 아이는 반쪽의 당신을 만나고,
> 낭만은 하나를 꿈꾸는 내게 늘 반쪽을 보낸다.
> 반쪽의 당신을 안고 반쪽의 꿈을 꾼다.
> 오늘도 반쪽이다.
> 당신도 오고 가난도 온다.
> 반쪽의 몸이 기우뚱하며 반쪽의 몸 옆으로 기울고,
> 서로의 반쪽이 어두운 방에 하나의 그림자로 눕는다.
> 반쪽과 반쪽이 만나서 하나처럼 울고 웃는다.

반쪽과 반쪽이 만나 다시 반쪽이 되지만,
돈이 없어도 웃고 웃다가도 울고 오늘을 산다.

—「반쪽의 알고리즘」 전문

어머니의 부엌에는 오래된 칼이 있다.
어머니와 달리 칼은 더 날렵해져 간다.
아버지 돌아가신 후부터 놓을 수 없었다.
밤마다 날을 갈며 여자의 일생을 불렀다.

일천 마리 새우로 층층시하 밥상 차리고,
까까머리 아들들을 걸진 욕으로 길러냈다.
예전 같지 않다면서도 어머니 칼은 여전하다.
칼이 그렇게 무뎌서야 어따 쓴다냐.

—「어머니의 칼」 전문

어느 기억은 깊어서 마음도 벼랑에 빠지게 된다. 낮은 기억 사이로 깊은 기억들이 불쑥 솟아난다.

기억들 서로 부딪치며 울기도 하고 웃기도 한다. 아이 얼굴이 어른 되고 어른 얼굴이 남자가 된다.

창호지 문틈으로 어머니의 비밀은 새어나가고, 작은 발바닥들은 옹기종기 웅크려 잠이 든다.

안다고 생각했던 것들이 지금은 아니라고 한다. 기억의 끈 따라 어머니의 속으로 들어가고 싶다.

아버지의 손을 피해 달아났던 어머니의 비밀은 처마 밑에서 바들바들 떨며 비를 피하고 있었다.

그 비 피할 수 있었다면 날개 한쪽 더 달았을까.
서로 찢긴 기억의 날개 하나 더 붙일 수 있을까.

숨을 쉬어야 해 조금 들이마시고 많이 뱉으세요. 비를 바라보시는 어머니 오늘도 우리 안녕한가요.

—「우리 오늘도 안녕한가요」

가난하고 아픈 유년의 기억 속에 선명하게 아로새겨진 어머니는 '흑백 티브이를 보며 참 재미난 세상이라며 웃는' 아버지와는 달리 '비어가는 쌀독 북북 긁으며 풍진세상이라 울고' 있으며, 아버지 돌아가신 후로 칼을 손에서 놓지 못하고 '일천 마리 새우로 층층시하 밥상'을 차려가면서도 '밤마다 날을 갈며 여자의 일생'을 불러가며 '까까머리 아들들을 걸진 욕으로 길러내'는 전통적 여성의 모습으로 그려지고 있다. 그 시절 자신이 '안다고 생각했던 것들이 지금은 아니라고' 하는, 오래된 기억들이 서로 부딪치며 울기도 웃기도 하는 지금에 와서도 화자는 아버지의 손을 피해 달아나서 '처마 밑에서 바들바들 떨며 비를 피하시던' 그때의 어머니를 떠올리면서 '어머니 오늘도 우리 안녕한가요'라고 되물어가며 '엄마 같은 엄마가 되고 싶은 딸'이 긴 세월 마음 깊이 간직해온 아픈 속내를 꺼내 보이는 것이다.

투명 인간이 되어가는, 이곳에서의 나날들

자기 내면을 향해 파고드는 것만으로 만족하지 못하는 시인은 삶의 주변에서 수시로 마주치는 크고 작은 존재들과 자신이 발 딛고 살아가는 세상의 안팎으로 자연스럽게 고개를 돌리게 되고, 그 속에 낯설고 비밀스럽게 '숨은 부호'(「낯선 언어」)들이 내포하는 의미 맥락을 읽어내고자 한다.

> 몇 사람이 들리지 않는
> 말을 꺼내고 몇 사람의 웃음소리가 서서히 명랑해진다.
> 몇 사람이 울 수 없었던
> 말을 내놓고 몇 개의 입술이 서로의 귀를 간지럽힌다.
> 목구멍 속을 헤집고
> 나오는 말이 커지고 작은 말은 비밀이 되어 숨어버린다.
> 섞인 말들이 떠나지
> 못하고 축 늘어지고 모아진 말이 떠나기 위해 노래를 한다.

불빛 아래 빠르게 입술이
걸어 나오고 치맛자락은 유혹하듯 느리게 밤을 흔든다.
십구금 농담 속에 등허리는
점점 내려앉고 중년의 거시기만 위태롭게 들썩거린다.
목젖에 걸린 이름들을 계속해서
불러대고 저녁은 꿈결인 듯 빠르게 문을 닫는다.
K대리는 만년대리 사직서를
품고 대리대리 중얼거리며 바쁘게 집으로 돌아간다.

—「K 대리의 저녁 풍경」 전문

그의 어깨 위로 그늘이 쏟아지고 축 처진 바짓단이 계단을 쓸며 지하로 내려가요. 맑은 얼굴들이 그의 등을 부지런히 밀고 어깨를 밀며 만원 전동차 안으로 밀어 넣어요. 발바닥 까진 구두가 새 구두들에게 채이고 서류가방은 열려 찢긴 서류들이 되어요.

술 취한 구두 뒤축이 비틀거리고 넥타이가 한없이 조여오고 출근복은 매번 울어요. 벌게진 얼굴 앞으로 젊은이 단단한 이마가 박혀 들어오고 생소한 말들이 엉덩이를 밀어내요. 반복되는 고지서는 끝이 없고 청구서들은 기간을 연장하여 덕지덕지 눌러 붙어요.

내일은 내일의 해가 뜬다지만 넥타이를 풀고 구부리고 앉은 등짝에는 해가 뜨지 않아요. 반평생을 열심히 일하고 난 등껍질들이 터지면서 서쪽으로부터 두 번째 꽃은 다시 필라나요.

—「꽃은 다시 필라나요」 전문

이력서를 쓰다가 허공에 빠진다.
몇 줄을 쓰다가 북북 그어버린다.
허공에서 얼굴 없는 나를 만난다.
얼굴은 어디로 가고 뒷통수만 남았다.
뒷통수만 들고 다니기로 한다.
점점 투명인간이 되어간다.
누구도 불러주지 않는다.
돌아서 걷는 나도 볼 수가 없다.
이력에는 쓸모없는 것들로 가득하다.
버린다 새로운 이력도 필요 없다.
이력에 매달려 살다가 잘 떨어진다.

—「이력서」 전문

"어둠 사이 무수히 떠다니는 짧은 기호들" 속에 은밀하게 깃든 의미의 행간을 찬찬히 짚어가는 그의 눈길을 끌어당기는 "만년대리 사직서를 품고 대리대리 중얼거리며 바쁘게 집으로 돌아"(「K 대리의 저녁 풍경」)가는 'K 대리'는 우리가 어디서나 쉽게 마주치게 되는 '소외된 삶을 살아가는' 수많은 이웃 가운데 하나이다. 또 하나의 'K 대리'라고 할 수 있는 '축 처진 바짓단이 계단을 쓸며 지하로 내려가'(「꽃은 다시 필라나요」) '만원 전동차 안으로' 구겨지듯 밀려 넣어지는 '그' 또한 "내일은 내일의 해가 뜬다지만 넥타이를 풀고 구부리고 앉은 등짝에는 해가 뜨지 않"는 세상 속에서 "반복되는 고지서는 끝이 없고 청구서들은 기간을 연장하여 덕지덕지 눌러 붙"은 하루하루를 '반평생을 열심히 일하고 난 등껍질들이 터지'도록 힘겹게 버텨가면서 '하루 한 번씩 사는 것도 벅찬'(「하루마다의 진화」) 현실을 투명인간처럼 살아가고 있는 가난하고 소외된 존재들을 가리키는 것이다.

하릴없이 동네 주변을 어슬렁거리는 똥개가 되기도 한다. 질주하는 승용차 등허리에 달라붙은 나방이 되기도 한다. 쓰레기통을 뒤져 먹다가 탈이 나는 고양이가 되기도 한다. 빗속에서도 날 수 있다는 모슬포 나비가 되기도 한다. 내가 만들어 낸 것과 잃어버린 것들 사이에서 변하지 않는, 옷가게 안에서 어설프게 웃는 마네킹이 되기도 한다. 온종일 종종거리며 로봇을 달래는 엄마가 되기도 한다. 하루가 말짱 도루묵이라고 했다가 앗, 뜨거워 하기도 하고, 두 걸음 물러선 자리에서 세 걸음 뛰다가 넘어지고는, 내일 다시 살고 싶기도 하고 그만 하루가 끝나기도 한다. 눈 깜짝할 사이에도 핑핑 돌아가는 하루를 버틴다. 날지 못하는 날개를 접고 알 속으로 다시 기어 들어 간다. 하루 한 번씩 사는 것도 벅찬 이것도 하루마다의 진화이다.

—「하루마다의 진화」 전문

"하루가 말짱 도루묵이라고 했다가 앗, 뜨거워하기도 하고, 두 걸음 물러선 자리에서 세 걸음 뛰다가 넘어지고는, 내일 다시 살고 싶기도 하고 그만 하루가 끝나기도" 하는 이 세상에서 '눈 깜짝할 사이에도 핑핑 돌아가는 하루'를 간신히 버텨가며 '날지 못하는 날개를 접고 알 속으로 다시 기어들어'(「하루마다의 진화」) 가는 '나'는 부조리로 가득 찬 사회현실 속에서 다양한 모습을 하고 있으면서도 "내가 만들어낸 것과 잃어버린 것들 사이에서 변하지 않는" 속성을 지닌 존재로서, "서로의 생을 배 불리려 애쓰며 하루치의 밥거리가 시간의 터널을 지나"(「김칫국」)며 벌건 대낮에 진탕하게 놀면서도 도무지 부끄러움을 모르는 '똥개들'(「똥개」)이 판치는 세상 속에서의 벅찬 '하루마다의 진화'를 겪어 가는 것이다. '열 사람의 말로 조각이 나고 백 사람의 말로 부풀어지고, 이렇게 저렇게 한껏 자란 말들이 소란하여 멀미가 나'(「카더라 바리케이트」)는 현실 속에서 "막다른 벽에 부딪친 말이 혼자 떠돌다가 길을 잃고 헤매"는 모습을 통해 자기가 발 딛고 선 세계의 속성을 읽어내는 시인에게 있어 '점점 투명 인간이 되어가'(「이력서」)는 이곳에서의 삶을 하루하루 이어간다는 것은 '네 손끝에서 네 기억 속에서' 기어 나오는 숱한 말들과 '사라진 사람이 들려주는 생의 흔적들' 속에 숨어있는 어떤 의미를 찾아내려는 태도와 긴밀하게 맞닿아 있다.

연예인이 죽었다 늘상 지켜보던 화려한 모습이 사라졌다. 악성댓글 탓이었다고도 하고 연애가 끝났다고도 한다. 막다른 벽에 부딪친 말이 혼자 떠돌다가 길을 잃고 헤맨다. 열 사람의 말로 조각이 나고 백 사람의 말로 부풀어진다. 이렇게 저렇게 한껏 자란 말들이 소란하여 멀미가 난다.

우는 날들이 많아질 때마다 서로가 나눈 말들을 떠올린다. 오래도록 붙어 있지 않아도 너의 말은 가까이서 숨을 쉰다. 텅 빈 듯한 내일에 들풀처럼 일어서게 하는 말들이 온다. 네 손끝에서 네 기억 속에서 숱한 말들이 기어 나온다. 사라진 사람이 들려주는 생의 흔적들이 나를 살게 한다.

—「카더라 바리케이트」 전문

잘 걷다가도 넘어질 때가 있다.
이빨 하나 땅속에 처박히고 무릎은 꺾여서 멍이 든다.

넘어지지 않으려고 버둥거렸던 날의 기울기가 사라진다.
남의 마음을 훔치려다가 그의 바리게이트에 매번 걸린다.

남의 행적을 살피며 그물망을 치고 걸려들기를 바란다.
이것이 정답이야 하고 믿던 날들이 밑바닥에 드러눕는다.
바닥에도 눈 뜬 채 넘어지고 깨진다 결국 바닥에 선다.
당당히 자빠져 있고 걸어가다 보면 어느새
사랑초가 핀다.

—「꽃에게로 눕다」 전문

넘어지지 않으려 아무리 버둥거려봐야 잘 걷다가도 갑자기 눈 뜬 채 넘어지고 깨져가며 무릎 꺾이고 멍이 들어버리고 마는 이곳에서 여태껏 '이것이 정답이야 하고 믿던 날들이 밑바닥에 드러눕는' 나날들을 살아가면서도 시인은 '당당히 자빠져 있고 걸어가다 보면 어느새 사랑초가 피'는 순간을 꿈꾼다. 그것을 위해 누군가(무엇인가)의 행적을 계속 살피고, 그의 마음을 훔치려다 바리케이트에 매번 걸리면서도 언젠가 한 번은 꼭 자기에게 걸려들기를 바라며 그물망을 치고 그런 순간을 끈질기게 기다리는 중이다. 그러듯 언제 어디서든 시를 쓰고 싶어 하는 욕망을 지닌 시인은 자기 삶의 주변에서 마주치는 숱한 존재들을 어느 것 하나도 가벼이 지나치지 않는 가운데, 그들 속에 깃들어 있을 '기도 끝의 투명한 언어들'(「12월의 기도」)을 시의 그물망으로 건져내려 애써가면서 삶의 모든 순간을 시인의 자의식을 품은 채 살아내려는 마음가짐을 보여준다.

우중화의 두 번째 시집은 언제 어디서든 시의 꽃을 피워내고 싶어 하는 한 시인의 치열한 자의식이 빚어낸 '투명한 언어들'로 가득 차 있다. 시인으로 살아간다는 것은 순간순간 자기 눈앞에 놓이는 '선'을 밟고 넘어가면서 "피울 수 없는 땅의 피 다 뽑아내도 닿지 않는 연"(「동백 문신을 한 여자」) 같은 존재들을 향해 '소식 없는 손'을 내밀어 '무거운 악수'를 나누는 일이며, "누군가의 심장을 찾아 은밀해졌을 때 몸 어딘가로부터 동백이 피"기를 꿈꾸면서 매 순간을 버티고 "빙하 속에서도 얼지 않고 꽃이기 위해 살아가"려 끊임없이 애쓰는 일인지도 모른다. 지금도 그는 어딘가에서 시의 언어를 향한 치열한 자의식을 바탕으로 '온몸으로 쓰는 연서'(「사월의 비」)처럼 자신만의 무늬가 섬세하게 새겨진 시의 꽃을 피워내는 꿈을 꾸고 있을 것이다. 머지않아 그의 손끝에서 피어날, 한결 더 깊어지고 무르익어 있을 노래들을 기대해본다.

그녀는 헤어지고 죽을 것 같다면서 몸에 동백을 새긴다. 누군가를 만날 때마다 이제 시작이라는 듯 꽃을 새긴다.

세끼 밥을 먹기 위해 누군가를 몰래 안는다는 것은, 빙하 속에서도 얼지 않고 꽃이기 위해 살아간다는 것은, 얼마만큼 자신을 서로에게 파괴해야 하는 건지 모른다.

오늘 피고 다음 생을 말하지만 약속들은 모두 얼어버렸다. 소식 없는 손을 내미는 것은 질기도록 무거운 악수이다. 피울 수 없는 땅의 피 다 뽑아내도 닿지 않는 연이 있다.

누군가의 심장을 찾아 은밀해졌을 때 몸 어딘가로부터
동백이 핀다.

—「동백 문신을 한 여자」 전문